역사야, 친구하자

❹ 조선을 위기에서 구한 명장 이순신

글 지호진

강원도 정선에서 태어나 1991년 현대문학으로 등단했어요. 시집으로 《이제 아내는 날 사랑하지 않는다》 《순수의 시대》 《연애소설》이 있으며, 〈시와 시학〉 젊은 시인상을 수상했어요. 어린이를 위해 쓴 작품으로는 《깨끗한 짝꿍이 좋아!》 《작은 개 이야기》 《한국에 온 어린 왕자》 《울어도 괜찮아》 등이 있어요. 역사를 재미없어 하는 아들을 위해 이 책을 썼답니다.

그림 곽재연

산업디자인학과를 졸업했어요. 2003 한국출판미술대전 특별상과 특선을 수상했고, 《한국사를 뒤흔든 20가지 전쟁》 《세상에서 젤 푸릇푸릇한 식물책》 《저학년 속담》 《안중근》 《영어동화 100편》 《아전들 골탕 먹인 나졸 최환락》 《세상 가장 소중한 가치》 《엉뚱한 악당들의 놀라운 지구 체험기》 등의 책에 그림을 그렸어요. 어린이를 위한 참신하고 재미있는 일러스트 개발에 힘쓰고 있답니다.

교과연계	
1-2 바른생활	6. 사랑해요, 우리나라
2-2 바른생활	3. 아름다운 우리나라
5-1 사회	3. 유교 전통이 자리 잡은 조선

역사야, 친구하자

④ 조선을 위기에서 구한 명장 이순신

지호진 글 | 곽재연 그림

주니어김영사

글쓴이의 말

흥미진진한 조선의 역사 속으로!

이번 책에서 소라와 냐옹 씨와 함께 떠날 곳은 조선이에요. 조선은 고려의 뒤를 이어 이성계가 '신진 사대부'라 불리는 새로운 정치 세력과 함께 세운 나라예요. 새로운 나라의 이름을 '조선'이라 이름 지은 것은 단군의 자손으로서 고조선의 역사를 계승한다는 뜻이 담겨 있어요. 조선은 27명의 왕이 500여 년 동안 조선의 왕위를 이어 갔지요.

조선은 유교의 가르침을 나라를 다스리는 기본 정신으로 삼았어요. 유교는 예의와 도덕을 잘 지키고, 나라에 충성하고 부모에게 효도하는 것을 중요하게 생각했지요. 이런 점들을 바탕으로 수도를 지금의 서울인 한양으로 옮기고 궁궐을 새로 짓고 성곽도 쌓았어요. 그 뒤로 새로운 법과 제도를 만들어 지켜 나가며 왕과 신하, 백성들이 뜻과 힘을 모아 나라를 발전시켜 나갔지요.

조선 시대에는 우리 민족의 글자인 한글이 만들어졌으며, 학문과 과학이 발달해 세계에 자랑할 만한 뛰어난 문화유산들을 남겼어요. 조선은 평화를 지키기 위해 노력했지만 주변 나라들이 침략을 해 오면 당당하게 맞서 싸워 나라를 지켜냈어요.

그럼, 나라를 지키기 위해 눈부신 활약을 하고 세상이 깜짝 놀랄 만한 훌륭

한 업적을 이룬 인물은 누구일까요? 또 세계에 자랑할 만한 조선의 문화유산은 어떤 것들이 있을까요? 지금부터 냐옹 씨와 소라와 함께 재미있고 신 나는 역사 여행을 떠나 볼까요?

   자, 그럼 조선 시대로 출발!

지호진

차례

소라와 냐옹 씨, 조선 시대로 가다 **8**

백성의 소리를 들으려 했던 **태종** **10**

세계에서 가장 과학적인 글자, **한글** **14**

조선의 과학을 크게 발전시킨 **장영실** **20**

김종서의 **6진 개척** **26**

이종무의 **대마도 정벌** **30**

조선의 비밀 무기, **신기전과 화차** **34**

성리학의 대학자, **퇴계 이황** **44**

조선 수군의 자랑, **거북선과 판옥선** **46**

바다의 영웅, **이순신** 50

동양 최고의 의학 책, **동의보감** 54

조선이 부흥을 이끈 **정조** 58

정약용의 **실학 정신과 수원 화성** 62

나눔을 실천한 **조선의 부자들** 66

위대한 역사책, **조선왕조실록** 72

왕과 왕비의 넋이 깃든 사당, **종묘** 78

그때 우리나라와 다른 곳에서는 무슨 일이 있었을까? 82

소라와 냐옹 씨, 조선 시대로 가다

소라가 놀이터 그네에 시무룩한 표정으로 앉아 있어요. 조금 전 동네 친구 수철이와 말다툼을 했기 때문이에요.
"소라야, 너 그거 아니? 거북선은 이순신 장군이 만든 게 아니래."
"당연하지. 이순신 장군 혼자서 어떻게 그렇게 큰 배를 만들었겠니?"
"바보야, 그게 아니라 이순신 장군이 태어나기 훨씬 전에 이미 거북선이 만들어져 있었대."
"거짓말 마. 거북선은 이순신 장군이 만들어서 일본 군함들을 쳐부순 배야."
"못 믿겠으면 관둬라, 바보!"
'누구 말이 맞냐고 엄마나 아빠에게 물어볼까? 아니면 내일 학교에 가서 선생님에게 물어볼까? 그런데 수철이는 그런 얘기를 누구에게 들었을까? 도대체 어떤 말이 정말일까?'

소라가 답답한 마음에 이런 저런 생각을 하며 그네에 앉아 있을 때 옆에 있는 빈 그네가 갑자기 출렁거렸어요. 바람이 세차게 분 것도 아닌데 말이에요. 자세히 보니 그네 밑에 고양이 한 마리가 매달려 있었어요. 그리고 고양이가 소라에게 말했어요.

"소라야, 왜 그렇게 시무룩한 모습이니?"

냐옹 씨였어요. 소라는 냐옹 씨에게 자신이 방금 수철이와 말다툼을 벌인 이야기를 했어요. 냐옹 씨는 역사 박사니까 어떤 말이 사실인지 판결해 줄 것이라고 기대하고서 말이에요.

"그러면 누구 말이 맞는지 우리가 직접 확인하러 갈까? 이순신 장군이 살고 있는 조선 시대로 시간 여행을 떠나자!"

소라는 하늘을 날아갈 듯 기분이 좋아졌어요. 조선 시대에 가서 직접 이순신 장군을 만나고, 거북선을 보고 돌아와 수철이의 코를 납작하게 해 줄 생각이었지요. 소라는 신이 나서 그네를 움직였어요. 냐옹 씨도 소라를 따라 그네를 움직였지요.

냐옹 씨의 목에 걸린 방울에서 '딸랑딸랑' 소리가 났어요. 냐옹 씨는 얼른 앞발을 뻗쳐 소라의 손을 잡았어요. 잠시 뒤에 '펑' 하는 소리가 나더니 놀이터에서 소라와 냐옹 씨가 사라졌어요. 새로운 역사 여행이 시작된 거예요.

백성의 소리를 들으려 했던 태종

'펑' 하는 소리와 함께 소라와 냐옹 씨가 도착한 곳은 궁궐의 문 앞이었어요.

"드디어 우리가 조선 시대에 온 건가요?"

"그래. 이곳은 조선의 도읍지인 한양이야. 지금의 대한민국 수도 서울이지."

"저기 2층으로 기와를 올린 문이 너무 멋져요. 정말 웅장해요!"

"저긴 창덕궁이라는 궁궐의 정문이야. 돈화문이라고 하지."

창덕궁이라는 말에 소라가 반가운 듯 목소리를 높여 말했어요.

"창덕궁? 저 여기에 현장 학습을 온 적 있어요. 경복궁에도 가 본 적이 있고요."

창덕궁
1405년에 조선의 제3대 왕인 태종이 특별히 지은 궁궐이에요. 경복궁의 동쪽에 위치하고 있다고 해서 옆에 있는 창경궁과 함께 동궐이라고 불렀어요. 현재 남아 있는 조선의 궁궐 중에서 그나마 원래의 모습을 잘 갖추고 있으며 1997년에 유네스코 세계문화유산으로 등록되었어요.

"그래? 그럼 이제부터 소라의 안내를 받아 궁궐 구경을 좀 해 볼까?"

그러자 소라가 돈화문 앞에 떡 하니 버티고 서 있는 군사들을 고갯짓으로 가리켰어요. 돈화문을 지키는 수문장이었지요. 냐옹 씨와 소라는 슬금슬금 수문장의 눈을 피해 높다란 돌담을 따라 다른 곳으로 움직였어요.

"이곳은 바로 나만 아는 창덕궁의 비밀 통로야."

냐옹 씨가 돌담 앞 어느 지점에 서서 소라에게 말했어요.

"통로가 어디에 있는데요?"

그러자 냐옹 씨가 앞발로 돌담 아래를 정신없이 파헤쳤어요. 곧 그곳에는 작은 구멍이 하나 생겼어요.

경복궁

조선 왕조가 도읍지를 한양으로 정한 뒤 처음 지은 궁궐이에요. 1395년에 지어졌으며 왕과 왕실 사람들이 생활하는 곳과 왕과 신하들이 나랏일을 보는 건물들로 이루어졌어요. 안타깝게도 1592년 임진왜란 때 불타, 1876년 고종 때 다시 지었어요.

"이게 무슨 비밀 통로예요? 그냥 구멍이지. 우리 '짠' 하고 순간 이동하면 안 돼요?"

"안 돼! 궁궐에는 사람들도 많고 경비가 철저해서 들킬 염려가 있어."

그때 어디선가 무슨 소리가 들려왔어요.

"둥 둥 둥 둥."

북을 두드리는 소리였어요.

"누가 신문고를 치나 보다!"

"신문고요?"

"응. 조선 시대 때 태종이 궁궐 출입문 한쪽에 달아 둔 북이야. 백성에게 정말 억울한 일이 생겼을 때 두드리라고 말이야."

"북을 치면 정말 억울한 일을 해결해 주나요?"

"왕이 북소리를 듣고, 그 사정을 알아본 뒤에 직접 해결해 줬지."

"왕이 직접? 태종은 백성을 친절하게 잘 돌봐 줬나 봐요. 직접 나서서 백성들의 억울함을 해결해 주려고 한 걸 보면 말이에요."

> **태종**
> 태조 이성계의 다섯째 아들로 조선의 제3대 왕이 되었어요. 태종은 형제들을 죽이며 왕의 자리에 올랐지만 여러 가지 업적을 이루고 힘을 키우며 조선의 기틀을 마련했어요. 종이돈인 '저화'를 발행하고, 신문고를 설치하고, 호패법을 실시했어요. 호패는 지금의 신분증과 같은 것이에요.

"또한 백성이 왕에게 직접 어려움을 호소할 수 있다는 점을 관리들이 두려워했어. 그래서 관리들은 마음을 다해 백성의 어려움을 살폈지."

"신문고는 백성을 생각하는 깊은 뜻이 담긴 특별한 북이군요!"

"그렇지. 빨리 궁궐을 둘러보고 다음 장소로 떠나자."

세계에서 가장 과학적인 글자, 한글

소라와 냐옹 씨가 순간 이동을 해서 도착한 곳은 어느 건물의 처마 밑이었어요. 부슬부슬 내리는 비 때문인지 건물 주변에는 아무도 보이지 않았어요.

"이곳은 어디예요?"

소라가 묻자 냐옹 씨가 작은 소리로 대답했어요.

"여기는 경복궁 안이야. 이 건물은 세종 대왕의 비밀 연구실이란다."

"세종 대왕이 무슨 비밀 연구를 했는데요?"

"궁금하면 안을 살짝 구경해 볼까?"

비밀 연구실 안에는 책과 문서들이 한편에 수북이 쌓여 있고, 붓글씨가 쓰인 흰 종이가 벽 여기저기에 붙어 있었어요.

"저 글자는 기역, 저 글자는 니은, 저 글자는……. 혹시 세종 대왕이 연구하신 것이 한글이에요?"

소라가 깜짝 놀라 소리쳤어요.

"그래. 세종 대왕은 비밀 연구실에서 우리 문자인 한글을 만들기 위해 연구했어."

소라는 세종 대왕도 한글을 연구했다는 것을 몰랐어요. 신하들을 시켜서 한글을 만들었을 것이라고 생각했거든요.

세종 대왕

태종의 셋째 아들로 조선의 제4대 왕이 된 세종은 정치를 안정시키고 찬란한 문화를 이룩한 위대한 왕이에요. 1418년에 왕위에 오른 뒤 집현전을 설치해 인재를 등용하고 학문을 발달시켰으며 나라의 영토를 넓히는 등 많은 업적을 이뤘어요.

한글

세종 대왕이 우리말을 표기하기 위해 만든 글자예요. 한글의 첫 이름은 '훈민정음'으로 '백성을 가르치는 바른 소리'라는 뜻이에요. 1446년 한글이 반포될 당시에는 28자였지만 현재는 24자만 쓰고 있지요.

"그러니까 한글은 세종 대왕이 직접 만든 거군요!"

"그래. 세종 대왕은 우리 조상들이 사용해 온 언어와 중국, 인도, 몽골, 티베트, 일본 등 세계 여러 나라의 언어에 대한 책과 자료들을 참고하면서 7년, 동안 우리에게 맞는 글자를 연구했단다."

"비밀스럽게 7년 동안이나 연구를 하다니!"

"대단하지? 한글의 글자는 비록 간단하지만 수없이 많은 말을 표현할 수 있어. 바람 소리, 학 소리, 닭 우는 소리, 개 짖는 소리, 고양이 소리, 무엇이든지 소리 나는 대로 글자로 쓸 수 있지."

"냐옹 씨, 그렇게 말하니 꼭 한글 박사 같아요."

소라의 칭찬에 냐옹 씨는 어깨를 으쓱거리며 설명을 이어 갔어요.

"언어를 연구하는 외국 학자들도 세계의 수많은 글자 가운데 한글이 가장 과학적인 글자라고 평가하고 있단다. 오직 한글만이 만든 사람과 반포한 날이 알려져 있으며, 글자를 만든 원리까지 기록돼 있기 때문이지."

"우리 한글이 전 세계의 칭찬을 받는 글자라는 게 자랑스러워요. 한글을 만든 세종 대왕도 존경스럽고요. 그런데 세종 대왕은 보이지 않네요?"

소라와 냐옹 씨는 비밀 연구실을 두리번거렸지만 세종 대왕을 만날 수가 없었어요.

"그동안 한글을 만드느라 너무 무리해서 어디론가 쉬러 가신 게 아닐까?"

소라와 냐옹 씨는 아쉬움을 남기고 순간 이동을 해야 했지요.

 깊이 보기

한글의 우수성

배우기 쉽고 편리한 글자예요

중국의 한자는 글자 수가 너무 많아 배우는 데 시간이 많이 걸리고 기억하기도 힘들어요. 하지만 한글은 24자만 익히면 우리가 사용하는 모든 말을 쓸 수 있어요. 유네스코(국제연합교육과학문화기구)에서는 1989년에 '세종 대왕' 상을 만들어 해마다 인류의 문맹률을 낮추는 데 노력을 한 단체나 개인을 뽑아 상을 주고 있어요. 1997년 10월 1일에는 훈민정음에 대한 해설 책인 《훈민정음》이 유네스코 세계기록유산으로 등록되었어요.

체계적이고 과학적인 글자예요

한글의 닿소리(자음)는 사람의 입속을 관찰해서 소리가 날 때의 모양을 본떠 만들었어요. 홀소리(모음)는 하늘(·), 땅(_), 사람(1)의 모양을 본떠서 만들었고요. 닿소리와 홀소리가 만나면 셀 수 없이 많은 소리를 만들 수 있어요. 이렇게 한글은 인체와 소리를 연구해 과학적으로 만든 글자예요.

독창적으로 만든 글자예요

지구 상에 있는 대부분의 글자는 오랜 세월 동안 복잡한 변화를 거쳐 오늘날의 글자가 되었거나 일본의 글자인 '가나'와 영어의 '알파벳'처럼 남의 글자를 흉내 내거나 빌린 거예요. 그러나 한글은 세종 대왕이 독창적으로 만든 글자예요.

조선의 과학을 크게 발전시킨 장영실

소라와 냐옹 씨가 순간 이동을 해서 도착한 곳은 어느 건물 안이었어요. 그곳에는 이상하게 생긴 집채만 한 물건이 놓여 있었지요.

"냐옹 씨, 왜 건물 안에 이런 집을 만들었을까요?"

"이건 집이 아니라 물시계야! 지금 우리가 있는 곳은 경복궁 안에 있는 보루각이야."

집채만 한 물건이 물시계라니, 소라는 어리둥절하며 그 주변을 둘러보았어요. 물시계는 두 부분으로 나뉘어 있었어요. 왼쪽의 다락집 모양의 기구 위에는 크기가 다른 항아리 세 개가 계단처럼 만들어진 받침대 위에 놓여 있었어요. 또 오른쪽에 뒤주처럼 생긴 기구 위에는 종, 징, 북이 있었어요. 그 앞에는 각각 인형이 서 있었고요. 그리고 두 기구 사이에는 용 무늬가 새겨진 길쭉한 원통 두 개가 세워져 있었지요.

"소라야. 어서 저 판자 뒤로 숨자."

누군가 소라와 냐옹 씨가 있는 곳으로 걸어오는 소리가 들렸어요. 소라와 냐옹 씨는 재빨리 구석에 세워진 나무판 뒤로 몸을 숨겼어요.

"준비가 다 되었군! 내일 전하께서 보시면 무척 기뻐하실 거야!"

> **보루각**
> 1434년에 장영실 등이 만든 물시계인 자격루를 설치했던 곳으로, 경복궁 남쪽에 자리하고 있어요. 자격루를 공식적으로 표준 시계로 사용하기 시작하면서 보루각은 자격루를 맡아보는 기관이 되었어요.

누군가 기구를 둘러보며 혼잣말을 하고는 다시 밖으로 나갔어요. 더 이상 발소리가 들리지 않자 냐옹 씨가 소라에게 말했어요.

"방금 들어온 사람이 여기 있는 자격루를 만든 사람이야. 조선의 과학자 장영실이지. 내일 세종 대왕에게 완성된 자격루를 보여 줄 생각인가 봐."

장영실

조선 세종 때의 과학자예요. 동래현의 노비였지만 과학적인 재능을 인정받아 궁궐의 기술자로 뽑혔어요. 물시계인 '자격루', 해시계인 '앙부일구' 등 여러 가지 과학 발명품을 만들었어요.

"자격루요?"

"바로 저 물시계의 이름인데 '스스로 시각을 알리는 시계'라는 뜻이야. 장영실이 세종 대왕의 명령을 받고 중국 명나라에 유학까지 다녀온 뒤, 중국과 아라비아의 자동 물시계를 연구해서 새로운 물시계를 만들었지. 장영실의 발명품은 당시에 세계 최고의 과학 기술을 자랑하는 것들이지."

측우기
비의 양을 측정하는 기구

"와! 조선 시대에도 에디슨처럼 위대한 발명왕이 있었네요! 그런데 내일 이곳에 세종 대왕이 온다고요? 그럼 여기서 내일까지 기다려서 세종 대왕을 만나고 가요!"

소라가 냐옹 씨에게 말했어요.

"안 돼! 궁궐은 경비가 삼엄해. 발각되면 큰 위험에 빠질 수도 있으니 어서 순간 이동을 하자."

"아! 이곳에서도 세종 대왕을 만나지 못하는군요."

이번에도 아쉬움을 뒤로 하고 소라와 냐옹 씨는 다음 장소로 옮겼어요.

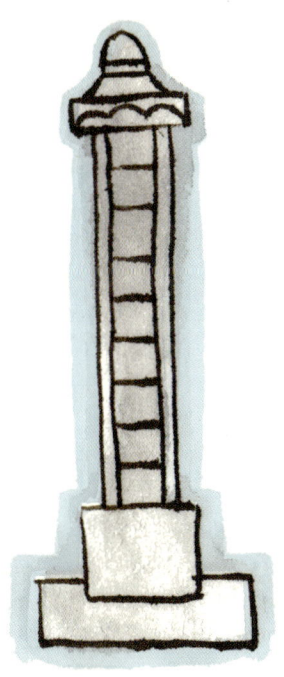

수표
하천, 호수, 저수지 등의 수위를 재는 측량 기구

혼천의
천체의 운행과 위치를 측정하는 천문 관측 기구

앙부일구
그림자의 위치로 시각을 측정하는 해시계

 깊이 보기

자격루는 어떻게 자동으로 시간을 알릴까요?

　세종실록 65권 《보루각기》편에 적힌 자격루의 원리를 살펴보면, '물받이 통에 물이 고이면 그 위에 떠 있는 잣대가 점점 올라가 정해진 눈금에 닿는다. 그때 잣대가 지렛대 장치를 건드려 그 끝에 있는 쇠구슬을 구멍 속에 굴려 넣어 준다. 이 쇠구슬이 다른 큰 쇠구슬을 떨어뜨리면 그것들이 미리 꾸며 놓은 여러 공이

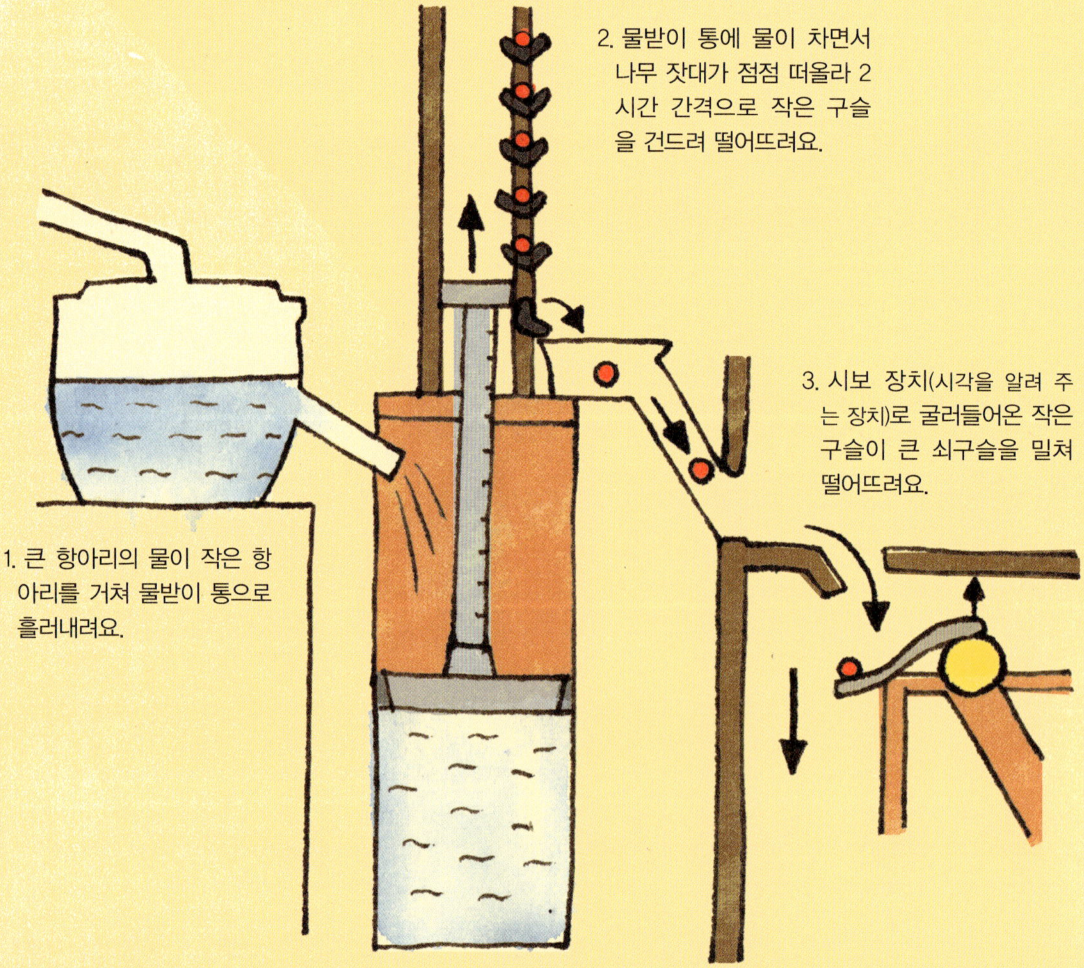

1. 큰 항아리의 물이 작은 항아리를 거쳐 물받이 통으로 흘러내려요.

2. 물받이 통에 물이 차면서 나무 잣대가 점점 떠올라 2시간 간격으로 작은 구슬을 건드려 떨어뜨려요.

3. 시보 장치(시각을 알려 주는 장치)로 굴러들어온 작은 구슬이 큰 쇠구슬을 밀쳐 떨어뜨려요.

를 차례로 건드려 종, 징, 북을 울린다.'라고 적혀 있어요. 자격루는 시간을 측정하는 '물시계(물 항아리 부분)', 물시계로 측정한 시간을 종, 징, 북소리로 바꿔 주는 '시보 장치(종, 징, 북을 치는 인형 부분)', 물시계와 시보 장치를 연결해 주는 '방목'이라는 신호 발생 장치로 구성되어 있어요.

4. 큰 쇠구슬이 공이(수저 모양의 막대)를 누르면 그 힘으로 인형의 팔을 움직여 종, 징, 북을 쳐서 소리로 시간을 알려요.

5. 공이를 누르고 통과한 구슬이 지렛대 위로 떨어지면 시각이 표시된 시보 인형이 뻐꾸기 시계처럼 튀어 올라와 몇 시인지 알려 줘요.

김종서의 6진 개척

"어이구 추워! 이렇게 추운데 성을 쌓으라고 하는 것은 좀 너무한 거 아니야?"
"무슨 소린가? 김종서 장군께서도 우리와 함께 고생하며 지휘를 하고 있지 않은가?"
소라와 냐옹 씨가 도착한 곳에서 병사들이 수군대며 돌을 나르고 있었어요.
"너무 추워서 온몸이 덜덜 떨려요! 병사들이 지금 성을 쌓는 것 같은데, 여기는 어디예요?"

"한반도의 가장 북쪽인 두만강 근처거든. 게다가 지금은 가장 추운 겨울철이 란다. 우리가 만날 사람이 바로 여기에 있어. 저 천막 안에 계시겠군."

냐옹 씨가 슬금슬금 걸어서 먼저 천막 안으로 들어갔어요. 호랑이 그림 깃발이 세워진 천막이었지요. 소라도 냐옹 씨를 따라 슬그머니 천막 안으로 들어갔어요.

김종서

조선의 문신으로 북방의 6진을 개척해 두만강을 조선의 국경선으로 확정하는 데 큰 공을 세웠어요. 세종의 뒤를 이어 문종이 왕위에 오른 지 2년 만에 죽자, 김종서는 좌의정이 되어 어린 단종을 도와 나랏일을 살폈어요.

천막 안에는 호랑이처럼 용맹스럽고 늠름해 보이는 아저씨가 있었어요. 냐옹 씨가 그 아저씨에게 꾸벅 인사를 했어요.

"장군님! 안녕하세요."

아저씨는 반갑게 냐옹 씨의 인사를 받으며 말했어요.

"오! 냐옹 씨가 이곳까지는 어쩐 일인가? 옆에 있는 아이는 누구지?"

"6진을 구경하러 왔어요. 이 아인 제 친구예요. 장군님의 후손이기도 하고요."

소라는 천막 안의 아저씨가 누구인지, 6진이 무엇인지 몰라 얼떨떨한 표정만 짓고 있었어요.

"나는 조선의 장군 김종서다. 6진은 여진족의 침입에 대비해 두만강 부근의 여섯 지역에 설치한 조선의 요새란다. 군사적으로 아주 특별한 곳이지."

"장군님, 그런데 왜 하필이면 이 추운 겨울에 성을 쌓는 거예요?"

"추울수록 오랑캐들은 몸을 움츠리고 꼼짝하지 않는단다. 우리는 그 틈에 적의 위협없이 안전하게 성을 쌓는 것이지."

소라와 냐옹 씨는 김종서 장군의 지혜에 감탄했어요. 병사들이 추위 속에서도 열심히 성을 쌓는 이유도 이해됐지요.

"에취!"

소라가 갑자기 재채기를 했어요. 코에서는 콧물이 줄줄 흘러나왔어요.

"이곳에 있다간 얼어 죽겠구나."

> **6진**
> 세종 때 동북 방면에 있는 여진족의 습격에 대비해 두만강 하류에 설치한 군사적으로 중요한 곳으로 종성·온성·회령·경원·경흥·부령의 여섯 군데를 말해요.

냐옹 씨는 장군에게 꾸벅 인사를 하고는 소라의 손을 잡아끌었어요. 소라도 얼떨결에 김종서 장군에게 인사를 하고 냐옹 씨를 따라 천막 밖으로 나왔지요.

이종무의 대마도 정벌

소라와 냐옹 씨가 도착한 곳은 어느 바닷가였어요. 수백 척은 되어 보이는 많은 배가 유유히 바다를 향해 앞으로 나아가고 있었지요.

"저렇게 많은 배가 한꺼번에 움직이는 것을 보니 바다에서 큰 전투가 벌어질 모양이에요. 그런데 여기는 어디죠?"

소라의 질문에 냐옹 씨가 대답했어요.

"한반도의 남해안이야. 저 배들은 조선의 군대로 일본의 해적 집단인 왜구를 물리치러 대마도에 가는 거란다."

조선의 군대가 왜구를 물리치러 바다를 건너간다는 말에 소라는 놀랐어요. 지금까지 우리 민족은 주로 외부에서 쳐들어오는 적을 막기만 했지 우리나라가 먼저 다른 나라를 공격했다는 이야기를 들은 적이 없었거든요. 더구나 바다까지 건너가서 말이에요.

> **대마도**
> 대마도는 우리나라와 일본을 가르는 대한 해협에 있어요. 우리나라의 부산에서는 50킬로미터 정도, 일본의 규슈에서는 132킬로미터 정도 떨어져 있어요. 일본에서는 대마도를 '쓰시마'라고 해요.

이종무

고려 말과 조선 초기의 무신이에요. 고려 말에는 왜구를 격파하고 제2차 왕자의 난을 진압하는 데 공을 세웠어요. 1419년 227척의 배를 거느리고 대마도로 가 왜구를 정벌했어요.

"당시 왜구의 본거지가 대마도였단다. 한반도와 일본 사이에 있는 길쭉한 두 개의 섬이 바로 대마도야. 태종 때 대마도에 흉년이 들어 식량이 부족해지자, 그곳 주민들은 해적이 되어 조선의 황해도 해주 해안으로 침입했어. 그러고는 우리 백성들의 생명을 짓밟고 재산을 훔쳐갔어."

"저런 못된 놈들!"

소라가 왜구들의 행동에 화가 났어요. 냐옹 씨는 다시 말을 이었어요.

"그래서 태종은 이종무 장군에게 군사를 이끌고 대마도를 정벌하라는 명령을 내렸지. 저 배들이 바로 이종무 장군이 이끄는 조선의 군함이란다."

수백 척의 배가 대마도를 향해 항해하는 모습은 무척 늠름해 보였어요. 소라는 그 결과가 무척이나 궁금해서 냐옹 씨에게 물었어요.

"냐옹 씨, 조선의 군대는 대마도를 정벌했나요?"

"물론이지. 태조 때부터 많은 전쟁에서 용맹을 떨친 이종무 장군은 배 227척, 병사 1만 7000명을 이끌고 대마도에 도착했어. 2000호나 되는 집을 불태우고 100명이 넘는 왜구를 죽여 대마도를 쑥대밭으로 만들었어."

"으아, 정말 무시무시했군요!"

"대마도의 우두머리는 이종무 장군 앞에 머리를 숙이며 다시는 조선 백성을 괴롭히지 않겠다는 약속을 했지."

"와! 대마도를 정벌한 이종무 장군과 조선 군사들이 너무나 멋져요. 내 속이 다 후련하네."

소라는 이종무 장군의 승리를 무척 통쾌해했어요. 소라와 냐옹 씨는 대마도 정벌에 대한 이야기를 더 나눈 뒤 다음 장소로 떠났어요.

조선의 비밀 무기, 신기전과 화차

"펑!"

소라와 냐옹 씨가 순간 이동을 해서 도착한 곳은 어느 홍살문 앞이었어요. 문 뒤로는 커다란 기와집이 보였어요. 기와집만 한 앞마당에는 수레 한 대를 움직이려는 병사들과 병사 복장을 한 허수아비들이 서 있었어요. 소라와 냐옹 씨가 사람들의 눈을 피해 살금살금 기와집으로 들어가려는 순간, 놀라운 장면이 눈앞에 펼쳐졌어요.

수레 위 직사각형 모양의 나무 상자에서 갑자기 수십 발의 화살이 발사되어 허수아비에게 꽂혔어요.

"펑! 펑! 펑! 펑!"

허수아비는 요란한 소리를 내며 폭발했어요. 눈 깜짝할 사이에 일어난 일이라 소라와 냐옹 씨는 입을 다물지 못하고 멍하니 서 있었어요.

"와! 성공이다!"

"신기전 만세! 화차 만세!"

수레에서 화살을 발사한 병사들과 이를 지켜보던 사람들이 환호성을 터뜨렸어요. 그제야 소라와 냐옹 씨는 정신을 차릴 수 있었어요.

"냐옹 씨, 저 이상한 수레와 수레에서 발사된 것은

홍살문
궁궐, 관아, 능, 묘 등의 앞에 세우는 붉은 칠을 한 문이에요. 훌륭한 업적을 남긴 사람의 사당이나 열녀문, 효자문 앞에도 세웠어요.

뭐예요?"

"아마도 저 수레는 화차, 그리고 수레에서 발사된 것은 신기전이라는 조선의 무기 같구나."

"화차와 신기전? 조선에 저런 무기가 있었다니……."

신기전

1448년에 만든 로켓 형태의 무기예요. 신기전이라는 이름은 '귀신 같은 기계 화살'이라는 뜻이에요. 화약이 타는 힘으로 날아가는 주화에 폭탄 장치인 발화통을 연결해 만든 것이지요. 발사되어 도달할 수 있는 곳까지의 거리가 1000미터 이상이었다고 해요.

화차
신기전 같은 무기를 한꺼번에 많이 발사하는 무기예요. 부속품이 300개가 넘을 정도로 정교한 기술을 자랑하며, 수레처럼 생겨서 좁고 험한 도로에서도 이동하기가 쉬웠어요.

"신기전은 고려 말에 최무선이 발명한 '주화'라는 화살을 개량한 로켓 형태의 무기야. 저 화차는 최무선의 아들인 최해산이 만든 것을 문종 임금이 다시 더 좋게 고친 거야. 신기전 같은 화약 무기를 한꺼번에 많이 발사할 수 있는 성능을 더했지."

"임금님이 무기를 만들었다고요?"

"세종 대왕의 큰 아들인 문종은 세종 대왕에 이어 조선의 국력을 강하게 만들기 위해 노력했고, 특히 군사력을 강하게 만드는 데 큰 공을 세웠어."

"그런데 신기전과 화차는 어떤 활약을 펼쳤나요?"

"신기전과 화차는 당시 이웃 나라였던 중국과 일본도 몰랐던 조선의 비밀 무기였어. 임진왜란 때 일본의 군대를 물리치는 데 큰 역할을 했지."

"우아! 우리 조상들이 다른 나라에서도 깜짝 놀랄만 한 무기를 만들었다니 너무나 자랑스러워요. 더 가까이 가서 자세히 보고 싶어요!"

"조심해!"

냐옹 씨는 신기전과 화차가 있는 곳으로 가까이 가려던 소라를 막았어요.

"비밀 무기를 함부로 보려다간 외국의 첩자로 몰릴 수 있어. 우린 이쯤에서 순간 이동을 하는 게 좋겠구나."

소라는 할 수 없이 걸음을 멈추고 멀리서나마 화차의 모습을 보았어요. 그리고 잠시 뒤 펑 하는 소리와 함께 소라와 냐옹 씨는 사라졌지요.

 깊이 보기

신기전과 화차를 사용한 임진왜란

신기전과 화차가 활약을 펼친 주요 무대는 임진왜란이에요. 임진왜란은 1592년부터 1598년까지 두 차례에 걸쳐 일본이 조선을 침략해서 일어난 전쟁이지요.

신기전과 화차의 위력은 임진왜란의 삼대첩 중의 하나인 행주 대첩에서 두드러졌어요. 1593년 3월 11일에 권율 장군이 이끄는 약 3000여 명의 조선군은 행주산성에서 3만 명이나 되는 일본군의 공격을 받았어요. 일본군은 쉽게 조선군을 물리치고 행주산성을 무너뜨릴 것이라고 생각했지요. 하지만 비밀 무기를 가지고 있는 조선군은 만만치 않았어요.

일본군은 화차에서 발사돼 빠른 속도로 날아오는 신기전의 공격을 받고 당황했어요. 화살이 날아와 폭발하자 한껏 겁을 먹기 시작했어요. 일본군은 조총을 앞세워 행주산성을 공격했지만 조선군의 치밀한 방어를 뚫지 못했어요. 전투는 12시간이나 계속되다가 결국 일본군은 1만여 명이 죽거나 다치는 큰 피해를 입고 후퇴했어요. 행주 대첩은 조선군의 큰 승리로 끝났어요. 이렇게 크게 승리를 거둔 전쟁을 '대첩'이라고 불러요.

또한 신기전과 화차는 이순신 장군이 이끄는 조선 수군(지금의 해군)의 비밀 무기로 쓰이기도 했어요. 한산도 대첩, 옥포 해전 등의 해전에서 조선 수군은 화차를 이용해 신기전을 발사했어요. 조선의 비밀 무기는 적의 군함을 혼란에 빠뜨리며 큰 피해를 입혔어요. 화차에 신기전 대신 작은 화포인 총통을 넣어 발사하기도 했지요.

성리학의 대학자, 퇴계 이황

소라와 냐옹 씨가 도착한 곳은 어느 야트막한 언덕 위였어요. 누군가가 아래를 내려다보며 그림을 그리고 있었어요. 아래에는 기와집 몇 채가 있었는데, 어느 집 안에서 젊은이들이 글공부를 하고 있었지요.

"아저씨, 무슨 그림을 그리시는 거예요?"

소라가 그림을 그리는 사람에게 다가가 물었어요. 그림을 그리던 사람은 깜짝 놀라며 뒤돌아보았어요.

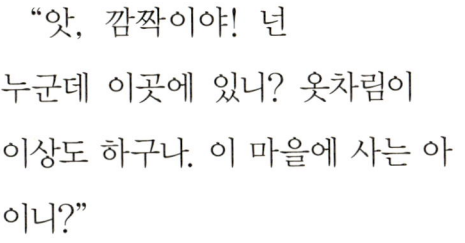

"앗, 깜짝이야! 넌 누군데 이곳에 있니? 옷차림이 이상도 하구나. 이 마을에 사는 아이니?"

"아니에요. 저는……."

소라는 자기가 미래에서 온 사람이라고 말하려다가 그림을 그리는 사람이 또 놀랄까 봐 머뭇거렸지요.

"저…… 저는 다른 마을에 살아요."

"오호! 그럼 도산서당을 구경 온 것이구나! 나는 왕의 명령을 받고 저 아래 서당에서 학문을 가르치는 퇴계 이황 선생의 모습을 그리려고 온 화공이야. 그런데 네 옆에 있는 못생긴 고양이도 네가 데려온 거니?"

냐옹 씨는 화가 나서 얼굴빛이 붉으락푸르락했지요. 그렇지만 냐옹 씨도 화공이 놀랄까 봐 아무 말도 못하고 그르릉거리는 소리만 냈어요.

이황

조선의 학자로 호는 '퇴계'예요. 1501년에 태어나 32세에 문과 시험에 합격해 벼슬에 올랐어요. 10년 넘게 나라의 중요한 관직에 있으면서 훌륭한 성품과 뛰어난 학문으로 사람들의 존경을 받았어요. 1561년에 고향(지금의 경북 안동)에 내려가 서당을 짓고 학문을 연구하며 인재를 길렀어요.

"퇴계 이황 선생이 누군데요? 왕은 왜 그분의 모습을 그려 오라셨어요?"

"퇴계 이황 선생은 우리 조선에서 성리학이라는 학문을 크게 발달시킨 학자란다. 왕께서도 퇴계 이황 선생의 인품과 학문을 존경하셨지. 그리고 이황 선생에게 여러 차례 나라를 위해 일해 줄 것을 부탁했지만, 선생은 정중히 거절하고 고향에 내려와 서당을 짓고 젊은이들을 가르치고 있지."

"성리학이 어떤 학문인데요?"

"공자의 말씀을 배우고 연구하는 유학이라는 학문 중의 하나야. 더 얘기하다가는 해가 다 저물겠다. 난 그림을 그려야 하니까 더 궁금한 것은 서당에 내려가서 물어보렴."

화공은 다시 서당에서 제자들을 가르치고 있는 이황의 모습을 그리기 시작했어요.

"퇴계 이황 선생은 성리학에 대한 연구와 업적을 높이 평가받아 '동방의 주자'로 불려. 동양 사상을 배우는 세계의 많은 사람들에게 큰 존경을 받고 있는 인물이야. 율곡 이이 선생과 함께 조선 최고의 학자로 칭송받으며 조선의 학문을 발달시켰지."

냐옹 씨가 소라에게 귓속말로 이황 선생에 대해 이야기하자, 소라가 다시 냐옹 씨에게 물었지요.

"율곡 이이 선생은 또 누구예요?"

"음……, 화공에게 방해가 되니까 다른 곳으로 가서 이야기하자꾸나."

성리학

주자가 공자 이래로 발전·계승돼 오던 유학에 도교와 불교의 사상과 우주의 원리 등 철학적인 부분을 더해 새로운 유학 사상을 세웠는데, 이를 '성리학' 또는 '주자학'이라고 불러요.

 깊이 보기

조선 성리학의 두 거장, 이황과 이이

　조선은 '유학'을 나라를 다스리는 바탕이 되는 이념으로 삼았어요. 이념은 가장 바람직하다고 여기는 생각이나 의견을 말해요. 유학 중에 중국 송나라 때 주자라는 인물이 발달시킨 성리학이 조선에 들어오자, 조선의 학자들은 성리학을 연구하고 크게 발달시켰어요. 그 중심 인물이 바로 이황과 이이예요.

　성리학에 대한 이황과 이이의 해석에는 차이가 있었어요. 성리학에서는 우주 만물을 '이'와 '기'로 이루어졌다고 보지요. '이'는 도덕, 정신 같은 이론처럼 보이지 않는 것을, '기'는 물질처럼 보이는 것을 말해요. 이황은 '이'와 '기'는 나눌 수 있으며 그중에 '이'가 모든 만물의 바탕이 된다고 생각하고 '이'를 '기'보다 더 중요한 것으로 여겼어요. 그래서 현실보다는 이상을, 경험보다는 이론을, 결과보다는 과정을 강조했어요. 반면에 이이는 '이'와 '기'는 서로 다른 것이지만 떨어지지 않는 것이라고 주장하며 도덕, 정신, 이론 못지않게 물질, 현실, 경험, 실천 등을 중요하게 여겼지요.

　나중에는 이황을 따르는 성리학자들을 주로 영남 지방(경상도) 출신이 많다고 하여 영남학파라고 불렀어요. 영남학파는 이후 동인이라는 세력으로 커져 갔어요. 이이를 따르는 성리학자들을 주로 기호 지방(경기도, 충청도, 황해도) 출신이 많다고 하여 기호학파라고 불렀어요. 기호학파는 서인이라는 세력으로 커져 갔고요.

조선 수군의 자랑, 거북선과 판옥선

"뚝딱! 뚝딱!"

"영차! 영차!"

소라와 냐옹 씨가 도착한 곳에서는 사람들이 모여 무엇인가를 열심히 만들고 있었어요. 통나무를 잘라 네모 길쭉하게 또 둥글넓적하게 모양을 만들고, 여러 가지 모양의 나무를 다시 깎고 다듬고, 나무판을 이리 붙이고 저리 끼우고 있었지요.

"사람들이 무엇을 저리 열심히 만들고 있을까요?"

"바로 조선 수군의 비밀 무기란다!"

"수군? 비밀 무기?"

"수군은 오늘날의 해군을 말해. 지금 수군이 만드는 비밀 무기는 거북선이야."

"거북선이라면 이순신 장군이 만든 배잖아요!"

"정확히 말하면 이순신 장군의 지시에 따라 나대용 군관이 조선 수군과 기술자들과 함께 만들었지. 거북선은 적진을 뚫고 나아가며 적의 배를 부수거나 적진을 흐트러뜨리는 돌격용 배야."

소라는 조선 수군과 기술자들이 거북선을 만드는 모습을 한참이나 꼼짝 않고 지켜보았어요. 그러고는 냐옹 씨에게 조르듯이 말했지요.

"냐옹 씨, 거북선이 완성된 모습을 빨리 보고 싶어요."

냐옹 씨가 해안가에 있는 배를 가리키며 소라에게 말했어요.

"저기에 조선 수군이 자랑하는 배가 또 있어. 바로 판옥선이라는 싸움배야."

"판옥선이오?"

"판옥선은 나무를 깔아 놓은 바닥인 갑판 위에 다시 갑판을 만든 2층 구조로 되어 있어. 그래서 아래층에서 노를 젓고, 위층에서는 공격을 담당하는 병사들이 전투를 했지. 배의

몸체가 높아 적의 배에 접근을 한 뒤 활을 쏘거나 대포를 발사해 적군을 물리치는 데 유리하지. 속도도 빠르면서 적의 배와 부딪쳐도 부서지지 않을 정도로 튼튼해."

"거북선과 판옥선이 함께 바다에 나서면 적군이 무서워서 벌벌 떨겠군요."

"그렇지! 그럼 이제 거북선과 판옥선이 적의 배를 물리치는 멋진 모습을 구경하러 가 볼까?"

"정말이에요?"

냐옹 씨가 고개를 끄덕이자, 펑 하는 소리와 함께 소라와 냐옹 씨는 순간 이동을 했어요.

판옥선

일본을 물리치기 위해 1555년 명종 때 만든 배예요. 개발된 지 37년 만에야 튼튼한 구조와 뛰어난 전투 능력으로 임진왜란 때 큰 활약을 펼쳤어요.

바다의 영웅, 이순신

소라와 냐옹 씨가 도착한 곳은 푸른 바다가 한눈에 내려다보이는 어느 누각 앞이었어요.

"경치 참 좋다! 그런데 여긴 어디예요?"

냐옹 씨는 아무런 대꾸도 하지 않고 혼자서 무슨 말을 중얼거렸어요.

"한산섬 달 밝은 밤에 수루에 홀로 앉아……."

냐옹 씨의 말에 소라는 이곳이 어디인지 대충 짐작할 수 있었어요.

"아하, 이곳은 한산섬이군요!"

"딩동댕! 이곳은 한산도라는 섬이야. 저쪽 바다를 자세히 보시라, 짠!"

냐옹 씨가 가리킨 곳에는 앞으로 나아가던 수십 척의 배들이 양쪽으로 갈라지며 맞은편의 배들을 포위하고 있었어요.

"바다에서 군사 훈련을 하는 중인가요?"

"아니란다. 저건 조선 수군과 일본군이 실제로 싸우는 모습이야. 저렇게 학처럼 날개를 편 모양으로 적의 배를 포위하며 공격하는 것을 '학날개 전법'이라고 하지. 이순신 장군이 이끄는 수군이 학날개 전법으로 일본군을 공격하는 중이야."

> **한산도**
> 한산도는 오늘날 경상남도 통영시 한산면에 있는 섬이에요. 1593년 이순신 장군은 조선의 모든 수군을 총지휘하는 삼도 수군 통제사라는 자리에 올랐어요. 그 뒤 삼도 수군의 진영을 한산도에 설치했어요.

"거북선에서 대포와 불화살을 마구 쏘아 대고 있어요. 거북선을 보고 놀랐는지 일본의 배가 도망치고, 판옥선이 일본의 배를 들이받았어요. 와! 일본의 배가 조선 수군의 공격에 하나 둘 부서져 가라앉고 있어요. 마치 영화를 보는 것 같아요!"

소라가 흥분을 감추지 못하고 경기를 중계하듯 신 나게 전쟁 상황을 이야기했어요. 냐옹 씨 역시 흥분한 목소리로 소라에게 말했어요.

"이 전투가 바로 세계 해전의 역사에 빛나는 한산도 대첩이란다."

"한산도 대첩?"

임진왜란의 3대첩
임진왜란 중 조선이 크게 승리한 3대 전투예요. 이순신 장군이 지휘한 '한산도 대첩', 권율 장군이 지휘한 '행주 대첩', 김시민 목사가 지휘한 '진주 대첩'을 말해요.

"그래, 한산도 앞바다에서 큰 승리를 거둔 전투라는 뜻이지. 이 전투에서 조선 수군은 이순신 장군의 뛰어난 전술과 지휘, 거북선과 판옥선의 활약으로 일본의 배를 크게 격파하고 조선을 위기에서 구해 낸단다."

"과연 이순신 장군님은 우리 민족의 영웅이군요!"

"이순신 장군이 지휘하는 조선 수군이 일본군과 전투를 벌인 횟수는 무려 23회, 전투의 결과는 23대 0! 조선 수군이 23회의 전쟁에서 모두 승리했지. 이순신 장군의 멋진 활약을 구경했으니, 이제 다음 장소로 이동해 볼까?"

소라의 힘찬 대답과 함께 소라와 냐옹 씨는 다음 장소로 순간 이동을 했어요.

동양 최고의 의학 책, 동의보감

'펑' 하는 소리와 함께 소라와 냐옹 씨는 어느 허름한 초가집 앞에 도착했어요.

"우리가 엉뚱한 곳으로 왔나 봐요. 사람도 없고 쓰러질 것 같은 초가집 한 채만 덜렁 있어요."

"멋진 역사가 꼭 화려한 궁궐이나 으리으리한 기와집, 시끌벅적한 거리나 아름다운 풍경이 있는 곳에서만 이루어지는 것은 아니야. 훌륭한 인물들의 업적도 마찬가지지."

그때 초가집 안에서 인기척이 들렸어요. 누군가 콜록콜록 기침하는 소리였지요.

"지금 저 초가집에서 누군가 위대한 일을 하고 있단다."

냐옹 씨의 말에 소라가 초가집 안을 힐끗 엿보았어요.

"위대한 일이라고요?"

"그래. 저 방에서 허준이라는 할아버지가 동양 최고의 의학 책을 편찬하고 있지."

"허준이라면 궁궐에서 왕의 병을 치료했던 의사 선생님이죠?"

"그래. 지금 허준은 억울하게 누명을 쓰고 이곳에 귀양왔단다. 그리고 10여 년 동안 수집해 온 책과 자료들을 바탕으로 병으로 고통 받는 조선의 백성을 위한 책을 쓰고 있어."

허준

조선 중기의 의학자로 선조 때 '어의(임금이나 왕의 병을 치료하던 의원)'를 지냈어요. 임진왜란 때는 선조를 떠나지 않고 끝까지 모셨어요. 그 공으로 전쟁이 끝나자 공신에 올랐고, 1596년에는 광해군의 병을 고쳐 종2품의 관직에도 올랐답니다. 《동의보감》을 써서 한의학의 발전에 큰 공을 세웠어요.

"그 책의 제목이 뭐예요?"

소라가 묻자 냐옹 씨가 말했어요.

"《동의보감》이란다. 중국의 동쪽인 우리나라의 기후와 풍토에 맞게 의학을 정리한 보배라는 뜻으로 동의보감이라고 이름 지었단다."

동의보감에 대한 냐옹 씨의 설명이 계속 이어졌어요.

"《동의보감》은 동양 최고의 의학 책이라는 칭찬을 받으며 우리나라뿐 아니라 중국, 일본 등 동양의 많은 의사들이 참고했어. 지금도 한의학이나 동양 의학을 공부하는 사람들에게 널리 읽혀 한의학의 교과서라고 불리지."

"교과서는 모범이 되는 책이잖아요. 그렇다면 《동의보감》이 한의학의 모범이 되는 책이네요!"

소라는 허준 할아버지가 빨리 《동의보감》을 완성했으면 좋겠다는 생각이 들었어요. 그러면 병으로 고생하는 조선 사람들이 하루라도 빨리 큰 도움을 받을 수 있을 테니까요.

"냐옹 씨, 책을 쓰는 허준 할아버지에게 방해되지 않게 이곳을 떠날까요?"

"웬일이니, 네가 먼저 가자고 할 때가 다 있구나."

소라는 머리를 긁적이며 허준이 있는 초가집을 한 번 더 바라보았어요.

소라의 눈에는 허름한 초가집이 더 이상 초라해 보이지 않았어요. 오히려 초가집이 으리으리한 기와집보다 더 멋있다는 생각도 들었고요. 그 마음은 그곳을 떠날 때까지 계속되었지요.

> **《동의보감》**
> 허준이 한의학의 모든 분야를 체계적으로 정리한 책이에요. 총 25권이며 각종 병에 대한 효과적인 치료법을 쉽고 자세하게 설명하고 있어요.

조선의 부흥을 이끈 정조

"여기는 혹시 창덕궁 아니에요?"
"맞아! 창덕궁 뒤편에 있는 정원이야."
"현장 학습하러 온 적 있다고 했잖아요."
"맞아, 신문고를 구경할 때 그랬구나."

소라와 냐옹 씨가 도착한 곳은 창덕궁이었어요. 창덕궁 안에서도 아름답기로 이름난 후원이라는 곳이었지요. 세 개의 연못과 한 개의 개천이 있고, 서로 다른 모습을 한 건물들과 정자들이 세워져 있었어요. 그중에 커다랗게 2층으로 지은 건물이 눈에 띄었어요. 냐옹 씨는 그 건물을 가리키며 소라에게 말했지요.

"저것은 주합루라는 건물이야. 저 건물을 지은 사람이 바로 조선의 부흥을 이룬 정조란다."
"부흥? 부흥이 뭐예요?"
"부흥은 약해지거나 무너져 가는 것을 다시 일어나게 하는 것을 말해. 정조는 임진왜란과 병자호란이라는 큰 전쟁을 겪고 무너져 가는 조선을 다시 발전시켰단다."
"어떻게요?"

정조

조선의 제22대 왕으로 이름은 이산이에요. 영조의 손자이며, 왕위에 올라 왕의 권한을 강하게 만들어 여러 제도를 새롭게 바꿨어요. 관리들이 서로 편을 나누어 다투는 것을 그만두게 하고 백성들을 위한 정치를 폈어요.

소라의 물음에 냐옹 씨는 다시 주합루라는 건물을 가리켰어요.

"바로 저곳에 규장각을 설치해 능력 있는 인재들을 뽑고 키운 뒤, 그 인재들을 정치에 참여하게 해서 잘못된 옛것을 새롭게 바꿨단다."

"규장각은 어떤 곳이에요?"

"왕실 도서관 같은 곳이야. 젊은 인재들은 규장각에서 학문을 연구하고 정치에 대한 토론을 벌였지. 정조는 그 내용을 정치의 방향으로 삼았어. 규장각 출신의 대표적인 인재는 정약용이란다."

"정조도 세종 대왕처럼 훌륭한 왕이었군요!"

규장각
왕실의 온갖 중요한 문서와 서적들을 모아 보관하던 곳이에요. 또한 신분이나 집안의 배경 때문에 관직에 나가기 어려운 인재들을 뽑아 규장각에서 학문을 닦으며 정치에 참여할 수 있는 기회를 주기도 했어요.

"물론이지. 왕실의 친척이나 신하가 강력한 힘을 가지고 자기들 맘대로 정치적인 일을 결정하는 것을 바로 잡았고, 역대의 법전을 모아 새롭게 법전을 편찬해 법치 국가의 기틀을 다졌어. 또 다양한 분야의 책을 출판해 문화 정치를 펼쳐 나갔어. 또 상업과 경제의 발달을 위해 노력했으며, 백성들이 부당한 형벌을 받는 일이 없도록 힘쓰기도 했어. 에 또……."

"잠깐, 그 정도만 들어도 정조가 얼마나 훌륭한 왕이었는지 알겠어요. 계속해서 듣다간 날이 저물겠어요!"

소라가 손사래를 치며 냐옹 씨의 말을 막자, 냐옹 씨는 고개를 끄덕였어요.

"그럼 이만하고 갈까?"

소라는 고개를 끄덕였어요.

정약용의 실학 정신과 수원 화성

소라와 냐옹 씨가 도착한 곳에서는 한창 공사가 벌어지고 있었어요. 성을 쌓는 공사였지요. 어떤 사람들은 커다란 돌을 나르고, 어떤 사람들은 정과 망치로 돌을 다듬고 있었어요.

"또 성을 쌓는 곳에 온 거예요?"

소라가 실망했다는 듯 힘없이 말하자 냐옹 씨가 대답했어요.

"이번엔 아주 특별한 성이란다."

"어떤 성인데요?"

"동양과 서양의 건축 기술을 한데 모아 만든 성이지. 여러 개의 건물을 과학적으로 배치했고, 모양이 독특하고 아름답단다. 규모가 아주 큰데도 2년이라는 짧은 기간에 완성했어."

"정말 대단하군요. 이름은 뭐예요?"

"수원 화성!"

"와! 바로 이곳이 수원 화성이군요. 그런데 저기 이상하게 생긴 게 있어요!"

냐옹 씨는 소라가 가리키는 쪽을 보았어요.

"저건 '거중기'란다. 도르래를 이용해 작은 힘으로 무거운 물체를 들어 올리는 기구인데 정약용이 발명했어."

"정약용이라면 규장각 출신의 인재?"

"맞았어. 정약용은 정조 시대의 인물로 서양의 기술과 과학에 관심이 많아 서양 학문을 공부했고, 실학이라는 새로운 학문을 크게 발달시킨 학자야. 실학은 백성들의 실생활에 도움을 주는 방법을 연구하는 실용적인 학문이지."

"그렇다면 정약용이 거중기를 발명한 것도 실학과 관련이 있나요?"

"그렇지. 백성들이 편리하게 사용하는 기구를 만드는 것도 실학에서 연구했지. 실학 정신을 바탕으로 거중기라는 기구를 발명했고, 거중기의 도움으로 수원 화성이라는 큰 성을 빨리 완성할 수 있었지."

"수원 화성에 대해 자세하게 알고 나니 수원 화성이 더 멋져 보여요."

"그뿐인 줄 아니? 정약용은 암행어사로 지방 관리들의 부정과 부패를 바로잡고, 《목민심서》, 《흠흠심서》, 《경세유표》라는 책을 펴내 조선의 정치와 경제 발전에 큰 도움을 준 위대한 학자이자 정치가였단다."

실학

조선 후기에 발달한 학문으로 생활에 필요한 것을 연구하는 실용적인 학문이에요. 청나라에서 들어온 고증학과 서양의 과학적인 사고방식을 받아들인 새로운 학문으로 유행했으나, 성리학을 따르는 사람들의 반대에 부딪혀 크게 발달하지는 못했어요.

　소라는 냐옹 씨를 따라 암문과 수문이라 불리는 여러 성문과 공심돈, 포루 등 수원 화성의 여러 곳을 구경했어요. 소라는 세계문화유산으로 등록된 수원 화성의 수준 높은 과학 기술에 다시금 감탄했어요.

나눔을 실천한 조선의 부자들

소라와 냐옹 씨가 도착한 곳은 어느 돌집 앞이었어요. 어디선가 불어오는 시원한 바람에 나무들의 잎사귀가 팔랑이며 하늘을 초록빛으로 물들이고 있었지요.

"집 벽이 돌로 되어 있네요. 이 멋진 집은 누구네 집이에요?"

"여기는 집이 아니라 박물관이야. 김만덕이라는 인물의 업적을 기념하기 위해 만들었지."

"김만덕이 누군데요?"

"박물관 안으로 들어가 보면 김만덕에 대해 알 수 있을 거야."

소라는 냐옹 씨의 뒤를 따라 건물 안으로 들어갔어요. 건물 안으로 들어서자 한 할머니의 초상화가 먼저 눈에 띄었어요.

"초상화 속의 할머니가 김만덕이에요?"

"그래, 김만덕은 조선 정조 때 제주도에서 큰돈을 번 상인이야. 제주도에 큰 흉년이 들어 백성들이 굶주리자 자신의 전 재산으로 육지에서 쌀을 구입해 백성들을 구했어."

"우아, 그 당시에 여자로서 큰돈을 번 것도 대단하지만 그 돈을 모두 가난한 사람들을 위해 베풀다니……"

김만덕

제주에서 태어나 어려서 부모를 잃고 기녀의 수양딸이 되어 기녀가 되었어요. 그 뒤 양인의 신분을 회복하고 객주를 차려 상업을 통해 많은 돈을 벌었어요. 1793년 제주도에 큰 가뭄이 들자 김만덕은 전 재산을 풀어 제주도의 백성들을 도와주었어요.

소라는 김만덕의 생애와 업적이 그려진 그림들을 둘러보았어요. 그 그림들을 통해 김만덕이 어떻게 큰 부자가 되었는지, 가난한 사람들을 위한 나눔이 얼마나 값진 일인지를 짐작할 수 있었지요.

"조선 후기에는 상업이 발달해 상인으로 큰 부자가 된 사람들이 많았어. 그중에는 김만덕처럼 자신의 재산으로 이웃을 도와준 부자들이 여러 명 있었단다."

냐옹 씨가 열심히 박물관을 둘러보던 소라에게 다가와 말했어요.

"중국과 인삼 무역을 해서 큰 부자가 된 임상옥, 최국선을 시작으로 12대에 걸쳐 큰 부자였던 경주 최 부잣집 역시 자신들의 재산을 내놓아 가난한 사람들을 도와주었어."

"우리 역사에는 존경받을 만한 훌륭한 부자들이 많았군요. 그런데 냐옹 씨는 그렇게 많은 역사 사건과 인물들을 어떻게 잘 알고 있어요?"

냐옹 씨가 어깨를 으쓱거리며 말했어요.

"그야, 난 특별한 고양이니까! 사실은 조선의 역사와 인물들에 대해 기록돼 있는 책을 보고 알았지, 하하. 다음 장소가 바로 그 역사책이 있는 곳이야."

"역사책이 있는 곳이면 도서관인가요?"

냐옹 씨는 알 수 없는 표정을 지으며 방울을 흔들었어요. 펑 하는 소리와 함께 소라와 냐옹 씨는 사라졌어요.

임상옥

조선 후기의 무역 상인으로 국경지대에서 인삼 무역권을 독점해 인삼을 팔았어요. 엄청난 돈을 벌어 굶주리는 백성과 수재민을 크게 도와주었어요. 그 공으로 1832년에는 곽산 군수, 1835년에는 구성 부사라는 벼슬에 올랐어요.

조선 후기의 상업 발달

조선 초기에는 한양의 시전을 중심으로 상업이 이루어졌어요. 국가의 허가를 받은 시전 상인들만이 물건을 팔 수 있었지요. 그렇지만 1791년 정조는 시전 상인들만 장사를 할 수 있었던 제도를 없애고, 시전 상인뿐 아니라 누구나 자유롭게 물건을 사고 팔 수 있게 만들었어요. 그 뒤로 시전 상인 대신에 '사상'이라는 일반 상인이 등장했고, 관청에 필요한 물품을 공급하는 상인인 '공인' 중심으로 상업이 크게 발달하기 시작했어요. 사상과 공인은 나라 안에서 뿐만 아니라 청나라와 일본 등의 외국과도 활발히 국제 무역을 했어요.

지방에서 생겨난 시장인 '장시'는 조선 후기에 전국적으로 크게 늘어나 1000여 곳에 이르렀으며 보통 5일마다 장이 열렸어요. 그중 일부는 매일 열리는 상설 시장으로 발전하기도 했어요. 특히 항구가 있는 장시에서는 대규모 교역이 이루어지면서, 물건을 대신 팔아 주거나 창고를 빌려 주고 또 상품을 운반하는 상인들에게 숙박을 제공해 주거나 돈을 빌려 주는 '객주'가 등장했지요.

또한 상업의 발달과 함께 화폐인 '상평통보'가 전국적으로 쓰였으며 품삯, 세금, 소작료 등을 화폐로 지불하는 화폐 경제가 발달했어요. 화폐 경제의 발달은 상업 활동을 더욱 활발하게 해 주었고, 농민들이 농촌을 떠나 상인이 되는 경우도 많아졌지요.

사람들이 시장에서 화폐로 물건을 살 수 있게 되자 시장에서 팔려는 수공업 제품이 많이 만들어졌어요. 이는 국가에서 운영하던 관영 수공업에서 개인이 물건을 만들어 파는 민영 수공업의 발달로 이어졌지요.

상업이 발달하면서 살림이 넉넉한 상인이나 평민이 생겨나기 시작했고, 그들은 양반들만 누리던 예술과 문화에 관심을 가져 서민 문화를 발달시켰어요. 〈춘향가〉, 〈심청가〉, 〈흥보가〉 등 판소리와 《홍길동전》, 《장화 홍련전》 등의 한글 소설이 큰 인기를 누리고, 일반 서민들이 그린 그림인 민화가 유행하게 되었어요.

위대한 역사책, 조선왕조실록

소라와 냐옹 씨가 도착한 곳은 궁궐의 어느 건물 안이었어요. 건물 안에는 책상이 여러 개 놓여 있었고, 방을 빙 두른 책꽂이에 책이 빼곡히 꽂혀 있었지요.
"방 안에 온통 옛날 책들만 있는 것을 보니, 이곳은 옛날 도서관이죠?"
"도서관은 아니고 '춘추관'이라는 조선의 관청 건물이야. 궁궐 뒤편에 자리하고

있지. 우리가 이곳으로 온 이유는 바로 이곳에서 역사를 기록하는 작업이 이루어지고 있기 때문이지."

"역사를 어떻게 기록하는 건데요?"

"이곳에 소속된 관리들이 궁궐에서 열리는 모든 회의에 참석해 그 내용을 기록하고 왕의 말이나 행동까지 모두 기록하지. 그렇게 해서 만든 책이 바로 조선왕조실록이야."

"조선왕조실록?"

조선왕조실록에 대한 냐옹 씨의 설명이 이어졌어요.

춘추관
고려와 조선에서 그 당시의 정치나 행정에 관한 일을 기록하던 관청이에요. 고려 때에는 '예문춘추관'으로 불리다가 1401년 조선 태종 때부터 독립 관청인 '춘추관'이 되었어요. 사관들이 업무를 맡아서 처리했어요.

조선왕조실록

조선 태조부터 철종까지 472년 동안의 역사적인 사실을 기록한 책이에요. 총 1893권이며 글자 수는 6400만 자예요. 세계에서 가장 오랜 세월에 걸쳐 만들어진 역사책이에요.

"조선왕조실록은 춘추관 안에 임시로 세운 실록청에서 춘추관에서 기록한 역사 자료들을 정리해서 편찬했지."

"조선왕조실록을 보면 조선의 역사를 모두 알 수 있나요?"

"물론이지. 조선을 세운 태조부터 철종 때까지 472년 동안의 역사적인 사실을 기록한 책이니까."

"어떤 내용이 기록돼 있는데요?"

"조선 시대의 정치 · 외교 · 군사 · 제도 · 법률 · 경제 · 산업 · 풍속 · 지리 등 다양한 분야의 역사적인 사실이 기록돼 있어."

"와! 우리 조상들은 정말 꼼꼼했군요!"

소라는 수백 년에 걸쳐 역사를 기록해 역사책을 편찬한 조상들이 정말 위대하게 느껴졌어요.

"이제 조선왕조실록이 보관돼 있는 곳으로 가서 조선왕조실록이 어떻게 생긴 책인지 구경해 볼까?"

냐옹 씨가 말하자, 소라는 신이 나서 대답했어요.

"좋아요. 어서 가 봐요!"

잠시 뒤에 펑 하는 소리와 함께 소라와 냐옹 씨가 다른 곳으로 순간 이동을 했어요.

> **실록청**
> 조선 시대에 실록을 편찬하기 위해 임시로 설치했던 기구예요. 왕이 죽고 새 왕이 즉위하면 실록청을 임시로 설치하고 여러 부서로 나누어 전 왕 시대의 실록을 편찬하게 했어요.

조선왕조실록, 승정원일기, 일성록

《조선왕조실록》처럼 조선 시대에 국가에서 편찬한 또 다른 위대한 기록유산이 있어요. 바로 《승정원일기》와 《일성록》이에요. 《승정원일기》는 승정원(왕의 비서실)이라는 기관에서 날마다 처리한 문서와 사건을 기록한 일기예요. 왕을 따라다니면서 왕의 말과 행동은 물론 왕이 내린 명령이나 신하들과 나눈 대화, 신하들이 왕에게 올린 글까지 매일 일기로 적은 것이지요. 그래서 《조선왕조실록》을 편찬할 때 《승정원일기》를 기본 자료로 이용했어요.

《승정원일기》는 조선 제16대 왕인 인조에서 고종까지 288년의 역사적 사실을 기록하고 있어요. 《조선왕조실록》이 사실의 요점만 정리해 기록해 둔 것과 달리 《승정원일기》는 승정원에서 보고 들은 모든 것을 기록해 두었어요. 예를 들면 《조선왕조실록》에 '임금이 오늘 수원에 갔다'라고 기록돼 있다면 《승정원일기》는 '임금이 며칠 몇 시에, 누구를 데리고, 어떤 가마를 타고, 가는 도중에 누구를 만나 무엇을 먹고 마셨는지'까지 기록되어 있답니다. 또한 《승정원일기》에는 288년 동안의 날씨가 하루도 빠짐없이 기록되어 있어요.

《일성록》은 1760년(영조 36)부터 1910년까지 150년간 날마다 역대 왕의 말과 행동을 기록한 책이에요. 영조의 뒤를 이은 정조 때부터 기록되기 시작해 왕이 날마다의 생활을 반성한다는 목적으로 편찬되었지요. 정조가 직접 쓰는 개인 일기로 출발한 《일성록》은 차차 기록 방식과 담당자가 변해 정부의 업무가 되었어요.

《조선왕조실록》, 《승정원일기》, 《일성록》은 모두 유네스코 세계기록유산으로 등록돼 있어요.

왕과 왕비의 넋이 깃든 사당, 종묘

규장각에서 조선왕조실록을 구경한 소라와 냐옹 씨가 다음으로 도착한 곳은 궁궐처럼 넓은 마당이 있고 긴 건물이 앞과 옆으로 서 있는 곳이었어요. 마당에서는 한창 행사가 벌어져 수많은 사람들이 사진을 찍으며 구경하고 있었지요. 구경꾼 중에는 외국인들도 눈에 띄었고요.

"궁궐에서 무슨 행사가 벌어지고 있나 봐요."

"여기는 궁궐이 아니라 종묘라는 곳이야. 지금은 2000년 5월 5일이란다."

"5월 5일이면 어린이날! 그럼 지금 어린이날 행사가 벌어지고 있는 건가요?"

"어린이날 행사가 아니라 종묘제례라는 제사가 열리고 있어. 종묘는 조선의 역대 왕과 왕비의 신위를 모신 사당이야. 신위는 나무패나 종이에 죽은 사람의 이름을 적은 것이고, 사당은 신위를 모셔 두는 곳이야."

"죽은 사람의 이름을 왜 나무패나 종이에 적어 두었는데요?"

"그렇게 하면 그 나무패나 종이에 죽은 사람의 영혼이 머문다고 생각했거든. 그리고 그 영혼에게 제사를 지내는 것이지."

소라는 냐옹 씨의 설명을 들으며 종묘를 둘러보았어요. 그리고 건물의 규모가 무척 큰 것에 놀랐어요.

종묘

종묘는 조선의 역대 왕과 왕비의 신위를 모신 곳이에요. 길게 늘어선 건물의 방마다 조선을 세우고 발전시킨 왕과 왕실 사람들, 그리고 나라에 큰 공을 세운 신하들의 신위를 모셔 두고 제사를 드렸지요.

"사람이 사는 곳도 아닌 제사를 드리는 곳을 왜 이렇게 크게 지었을까요? 그리고 정면에 보이는 건물은 너무 길게 지은 것 같기도 하고요."

"유교를 중요하게 여기는 동양에서는 조상에게 지내는 제사가 매우 중요한 행사였어. 특히 왕실에서 왕이 지내는 제사는 나라의 큰 행사였지. 그 행사를 위해서 음악을 따로 만들고 의식을 정할 정도로 말이야."

"그래서 이렇게 종묘를 크고 멋지게 지었군요!"

"그래. 저 앞에 있는 건물을 '정전'이라고 하는데 종묘를 대표하는 건물이지. 정전처럼 정면이 길고 수평선이 강조된 독특한 형식의 건축물은 서양에서도 찾아보기 힘든 매우 희귀한 것이야. 정전은 유교의 검소한 기품에 맞게 절제된 아름다움과 간결함을 강조한 건축물로 길이가 무려 109미터나 된단다."

냐옹 씨는 소라를 따라다니며 종묘에 대한 설명을 계속 이어나갔어요.

"종묘는 특별한 형식으로 지어진 아름다운 건축물이어서 유네스코 세계문화유산으로 등록되었고, 종묘에서 치러지는 제례 의식과 음악은 유네스코 세계무형유산으로 등록되었단다."

"와! 저는 어린이날에 세계적인 행사를 구경하고 있는 거네요."

"그렇단다. 소라야, 아쉽지만 이제 현재로 돌아가야 할 시간이구나."

"벌써요?"

"네가 역사에 대해 궁금해하면, 내가 언제든 다시 나타날게. 그럼, 다음 여행을 기약하며 현재로 출발!"

> **종묘 제례악**
> 종묘 제사를 지낼 때 음악과 노래와 무용도 함께 하는데, 이를 종묘 제례악이라고 해요. 종묘에 음악이 사용된 것은 고려 때부터였어요. 중국에서 들어온 음악을 사용하다가 조선 세종 때부터 종묘 제례에 사용하는 음악을 우리가 정식으로 만들었어요.

그때 우리나라와 다른 곳에서는 무슨 일이 있었을까?

우리나라	연도	세계
고려 멸망, 조선 건국	1392년	일본, 무로마치 막부 남북조 통일
국호를 조선이라 칭함.	1393년	
종묘와 경복궁 완성	1395년	
도읍을 개성으로 옮김	1399년	영국, 랭커스터 왕조 시작
태종 즉위	1400년	
신문고 설치	1401년	
세종 즉위	1418년	일본, 목판 인쇄 널리 보급
한글 창제	1443년	
	1467년	일본, 전국 시대 시작(~1598)
창경궁 완공, 경국대전 완성	1484년	
무오사화	1498년	포르투갈의 바스쿠 다 가마, 인도 항로 발견
갑자사화	1504년	
중종반정	1506년	티무르 제국 멸망

우리나라	연도	세계
	1588년	영국, 에스파냐 무적 함대 격파
일본에 통신사 파견	1590년	도요토미 히데요시, 일본 통일
임진왜란 발발(~1598)	1592년	이탈리아, 폼페이 유적 발견
노량해전	1598년	프랑스, 낭트칙령 발표
광해군 즉위, 대동법 실시	1608년	
허준 《동의보감》 간행	1613년	
병자호란	1636년	
	1637년	프랑스, 데카르트 《방법서설》 출간
	1644년	청, 중국 통일
상평통보 발행	1678년	
	1688년	영국, 명예 혁명
	1701년	프로이센 왕국 성립
	1710년	프랑스, 베르사유 궁전 완성
균역법 실시	1750년	
규장각 설치, 화성 건설	1776년	미국, 독립 선언
정약용, 거중기 만듦	1792년	

역사야, 친구하자
❹ 조선을 위기에서 구한 명장 이순신

1판 1쇄 발행 | 2012. 6. 26.
1판 2쇄 발행 | 2018. 5. 11.

전윤호 글 | 곽재연 그림

발행처 김영사 | **발행인** 고세규
편집 고영완 | **디자인** 김순수
등록번호 제 406-2003-036호 | 등록일자 1979. 5. 17.
주소 경기도 파주시 문발로 197 (우10881)
전화 마케팅부 031-955-3100 | 편집부 031-955-3113~20 | 팩스 031-955-3111

값은 표지에 있습니다.
ISBN 978-89-349-5268-8 74900
ISBN 978-89-349-5270-1 (세트)

ⓒ 2012 전윤호, 곽재연, YNT
이 책의 저작권은 저자에게 있습니다. 저자와 출판사의 허락없이 내용의 일부를 인용하거나
발췌하는 것을 금합니다.

좋은 독자가 좋은 책을 만듭니다. 김영사는 독자 여러분의 의견에 항상 귀 기울이고 있습니다.
독자의견전화 031-955-3139 | 전자우편 book@gimmyoung.com | 홈페이지 www.gimmyoungjr.com
어린이들의 책놀이터 cafe.naver.com/gimmyoungjr | 드림365 cafe.naver.com/dreem365

어린이제품 안전특별법에 의한 표시사항
제품명 도서 제조년월일 2018년 5월 11일 제조사명 김영사 주소 10881 경기도 파주시 문발로 197
전화번호 031-955-3100 제조국명 대한민국 ⚠ 주의 책 모서리에 찍히거나 책장에 베이지 않게 조심하세요.